Übungswörterbuch

in 7 Sprachen

Vorwort

Ich danke von Herzen meinem Mann Günter, der mit Liebe, Geduld und unermüdlicher Unterstützung das Layout und die Covergestaltung für das bebilderte Übungswörterbuch realisiert hat.

Ein besonderer Dank gilt Herrn Ghamdan Atef, Computerlinguist. Er war sofort bereit, sich in mein Buch mit der arabischen Sprache einzubringen.

Ein liebevoller Dank gilt meiner Tochter Myriam, von der die Idee zu diesem Buch stammt.

Anschließend möchte ich mich bei allen, die mich begleitet und Korrektur gelesen haben, insbesondere bei Karina Schild, Diplom-Übersetzerin, sowie bei meiner Tochter Myriam bedanken.

Felicia C. Gerber

Übungswörterbuch

in 7 Sprachen

Zeichnungen und Fotos von
Felicia C. Gerber

Impressum

Bibliografische Information der Deutschen Nationalbibliothek: Die Deutsche Nationalbibliothek verzeichnet diese Publikation in der Deutschen Nationalbibliografie; detaillierte bibliografische Daten sind im Internet über www.dnb.de abrufbar.

© 2015 Felicia Gerber
Herstellung und Verlag:
BoD – Books on Demand, Norderstedt
9 783735 782182

Inhaltsverzeichnis

Einführung	**1-7**
Hilfestellung	**8-12**
Hilfssätze	**212-264**

Für meine Enkel

Larah-Victoria und Laurence-Vincent Sunny

Einleitung

Ich hoffe, dass ich mit diesem Wörterbuch die Fremdsprachen Groß und Klein näherbringe und gleichzeitig einen Beitrag zur Handreichung und Verständigung der verschiedensten Nationalitäten leisten kann. Mit diesem Übungswörterbuch können die ersten zarten Lernversuche gestartet werden und in verschiedenen Einrichtungen wie zum Beispiel: Kita, Kindergärten, Jugendzentren, Emigrantenunterkünften, Grundschulen, zu Hause oder in der Familie, gefördert oder angeregt werden. Es kann auch in einfachster Form eine Hilfe zum Sprachvergleich sein. Ich möchte, dass die Kinder die Angst vor der Benutzung dieses Wörterbuches wortwörtlich verlieren. Ich habe bewusst keine Phonetik benutzt um die Einfachheit des Lernens zu bewahren. Liebe Kinder, bitte macht Eselsecken, Notizen, malt und übt so oft ihr könnt mit dem Wörterbuch! Ich wünsche allen viel Spaß mit dem Übungswörterbuch in 7 Sprachen!

Felicia Gerber   Saarbrücken, den 28.03.2015

Hilfe zur Aussprache im Rumänischen

Rumänisch ist eine Romanische Sprache, sehr stark an die Lateinische Sprache angelehnt und ähnelt beispielsweise Italienisch, Französisch und Spanisch.

Rumänisch wird genauso ausgesprochen wie geschrieben.

Im Rumänischen gibt es Gruppenbuchstaben

che chi ghe ghi ce ci ge gi.

Diese Gruppenbuchstaben findet man auch im Italienischen. Sie werden gleich ausgesprochen.

Vor den hellen Vokalen **E** und **I**, wird das **C** wie im italienischen Wort „Ciao" ausgesprochen.

Das **G** wird vor **e** und **i**, wie z.B. der italienische Name „Gianna" ausgesprochen.

Das Wort „**el**" **<er>** wird beispielsweise **„jel"** ausgesprochen.

Ţ ţ wird **<z>** ausgesprochen.

Ş ş wird **<sch>** ausgesprochen.

Â â wird **nasal** ausgesprochen.

Ă ă wird wie ein offenes **<Œ>** ausgesprochen.

In der Rumänischen Sprache wird am Ende des Wortes dekliniert.

Das I am Wortende

Folgt am Ende eines Wortes auf bestimmte Konsonanten ein *i*, wird es weich und beinah stumm ausgesprochen und hört sich ungefähr wie ein Deutsches *j* an.

Rumänische Fettnäpfchen

Prost! Ich trinke ein Glas Wein mit dir! = **Noroc**! Eu beau un pahar de vin cu tine!

Vorsicht!!! **Prost** heißt **dumm** in Rumänisch. Prosit! = Noroc! Noroc! = Glück!

Sprachfalle

z.B.: **soră** heißt **Krankenschwester**, aber auch nur **Schwester.**

Însărcinată heißt **schwanger**, aber auch wenn ich jemanden mit einer **Aufgabe** beauftrage.

z.B.: Eu te însărcinez să te duci la el şi să-i spui asta.

Ich beauftrage dich, dass du zu ihm gehst und ihm das sagst.

Hilfe zur Aussprache im Spanischen

Sonderzeichen und Sonderbuchstaben

Das **C** wird wie das **K** im Deutschen ausgesprochen, wenn ein dunkler Vokal (**a, o, u**) folgt.

<coche = kotsche>

Vor hellen Vokalen (**e,i**) wird das **C** wie ein weiches **ß** ausgesprochen.

<cierto = ßierto>

Die Buchstabenfolge **CH** wird wie **TSCH** im Deutschen ausgesprochen.

<techo = tetscho>

Das **G** vor dunklen Vokalen (**a, o, u**) wird wie das Deutsche **G** ausgesprochen.

<gordo = gordo>

Vor hellen Vokalen (**e, i**) wird das **G** wie **CH** ausgesprochen.

<gente = chente>

Der Buchstabe **H** wird nicht ausgesprochen.

<hombre = ombre>

Das **J** wird wie die Buchstabenfolge **CH** ausgesprochen.

<José = Chosé>

Die Buchstabenfolge „**LL**" wird wie das „**J**" im Deutschen ausgesprochen.

<talla = taja>

Der Buchstabe „**ñ**" wird ähnlich wie „**nj**" im Deutschen ausgesprochen.

<mañana = manjana>

Die Buchstabenfolge **QU** wird wie das **K** im Deutschen ausgesprochen. <queso = keso>

Das **V** wird als weiches **W**/vibrierendes **B** ausgesprochen.

<vaso = waso/[β]aso>

Das **Z** wird wie ein weiches ß im Deutschen ausgesprochen.

<paz = paß>

Hier einige Beispielsätze:

¿Hola, qué pasa? wird <olla, ke passa> ausgesprochen (Hallo, was gibt's Neues?).
No mucho. wird <no mutscho> ausgesprochen (Nicht viel).
¡Muchas gracias! wird <mutschas graßias> ausgesprochen (Vielen Dank).

Kurze Informationen über die arabische Sprache

Das Arabische gehört zur afroasiatischen Sprachfamilie und zu den semitischen Sprachen.

Arabisch ist die offizielle Amtssprache in vielen Ländern, u.a.: Ägypten, Algerien, Irak, Israel, Jemen, Jordanien, Katar, Kuwait, Libanon, Libyen, Marokko, Oman, Palästinensische Autonomiegebiete, Saudi-Arabien, Sudan, Syrien, Tunesien und Vereinigte Arabische Emirate.

Arabisch ist eine der sechs offiziellen Amtssprachen der Vereinten Nationen, neben Englisch, Französisch, Spanisch, Chinesisch und Russisch.

Die Gemeinsamkeit dieser Dialekte ist ihre Schriftsprache, das klassische Arabisch.

Hal tatakalm alenjlesyah = Aussprache

هل تتكلم الانجليزية؟ = Schreibweise

معلومات موجزة عن اللغة العربية:
اللغة العربية هي اللغة الرسمية في العديد من البلدان، بما في ذلك اليمن، الجزائر، مصر، العراق، الأردن، الكويت، لبنان، ليبيا، المغرب، عمان، فلسطين، المملكة العربية السعودية، السودان، سوريا، تونس، الإمارات العربية المتحدة الإمارات، البحري
اللغة العربية واحدة من اللغات الرسمية الست للأمم المتحدة، بالإضافة إلى اللغة الإنجليزية والفرنسية والإسبانية والصينية والروسية.
والقاسم المشترك بين هذه اللهجات هي لغتهم المكتوبة واللغة العربية الفصحى.

Zeichnungen zum Ausmalen

Desene de colorat

Disegni da colorare

Dessins à compléter

Dibujos para colorear

Drawings to color in

resom altalwin / رسومات التلوين

Deutsch	Sprechen Sie Englisch?
Rumänisch	Vorbiți engleza?
Italienisch	Parla inglese?
Französisch	Parlez-vous anglais ?
Spanisch	¿Habla inglés?
Englisch	Do you speak English?
Arabisch	Hal tatakalm alenjlesyah ?/ هل تتكلم الانجليزية؟

Deutsch	die Sprache
Rumänisch	limba
Italienisch	la lingua
Französisch	la langue
Spanisch	la lengua
Englisch	the language
Arabisch	Al-arabiya / العربية

_____
_____
_____

Deutsch	die Zahl (Nummer)
Rumänisch	numărul
Italienisch	il numero
Französisch	le numéro
Spanisch	el número
Englisch	the number
Arabisch	al-araqam / الأرقام

0   4   1   7

3   5 2   8

6   9

10

Deutsch   null 0 eins 1 zwei 2 drei 3 vier 4
                  fünf 5 sechs 6 sieben 7 acht 8
                  neun 9 zehn 10

Rumänisch   zero unu doi trei patru cinci şase
                  şapte opt nouă zece

Italienisch   zero uno due tre quattro cinque
                  sei sette otto nove dieci

Französisch   zéro un deux trois quatre cinq six sept
                  huit neuf dix

Spanisch   cero uno dos tres cuatro cinco seis
                  siete ocho nueve diez

Englisch   zero one two three four five six seven
                  eight nine ten

Arabisch   Sifr ٠ waaHid ١ ithnaan ٢ thalaatha ٣
                  arbaa ٤ khamsa ٥ sitta ٦ saba ٧
                  thamaaniya ٨ tisa ٩ ashara ١٠

واحد , إثنان , ثلاثة , أربعة , خمسة
ستة , سبعة, ثمانية , تسعة , عشرة

0 4 1 7

3   5 2 8

6   9

10

Deutsch	der Mensch
Rumänisch	omul
Italienisch	l'uomo, l'essere umano
Französisch	l'être humain
Spanisch	el ser humano, el hombre
Englisch	the human being
Arabisch	al-Insān / الإنسان

Deutsch	der Kopf
Rumänisch	capul
Italienisch	la testa
Französisch	la tête
Spanisch	la cabeza
Englisch	the head
Arabisch	al-Ras / الراس

Deutsch	das Auge
Rumänisch	ochiul
Italienisch	l'occhio
Französisch	l'œil
Spanisch	el ojo
Englisch	the eye
Arabisch	ayn / عين

Deutsch	der Mund
Rumänisch	gura
Italienisch	la bocca
Französisch	la bouche
Spanisch	la boca
Englisch	the mouth
Arabisch	al-fam /الفم

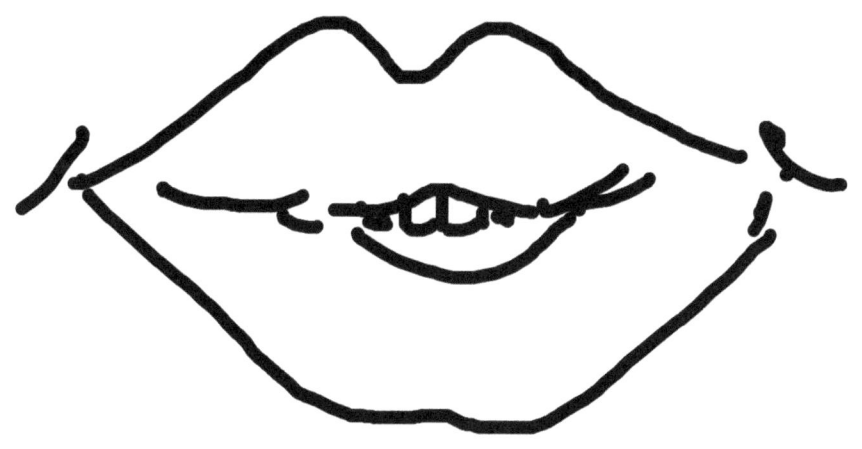

Deutsch	die Nase
Rumänisch	nasul
Italienisch	il naso
Französisch	le nez
Spanisch	la nariz
Englisch	the nose
Arabisch	al-anf / الأنف

Deutsch   das Ohr

Rumänisch   urechea

Italienisch   l'orecchio

Französisch   l'oreille

Spanisch   la oreja

Englisch   the ear

Arabisch   al-ethon / الأذن

Deutsch	die Haare
Rumänisch	părul
Italienisch	i capelli
Französisch	les cheveux
Spanisch	el pelo
Englisch	the hair
Arabisch	al-shar / الشَعر

Deutsch	die Schulter
Rumänisch	umărul
Italienisch	la spalla
Französisch	l'épaule
Spanisch	el hombro
Englisch	the shoulder
Arabisch	alkatif / كتف

Deutsch	der Fuß
Rumänisch	piciorul (laba piciorului)
Italienisch	il piede
Französisch	le pied
Spanisch	el pie
Englisch	the foot
Arabisch	al-gadam / قدام

Deutsch	das Bein
Rumänisch	piciorul
Italienisch	la gamba
Französisch	la jambe
Spanisch	la pierna
Englisch	the leg
Arabisch	al-ragul / الرجل

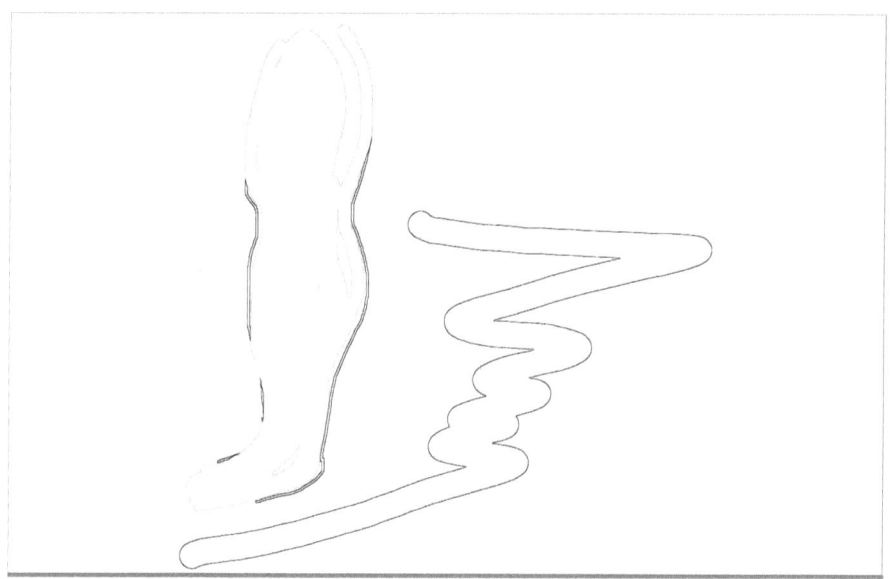

Deutsch   die Hand

Rumänisch   mâna

Italienisch   la mano

Französisch   la main

Spanisch   la mano

Englisch   the hand

Arabisch   al-yed / اليد

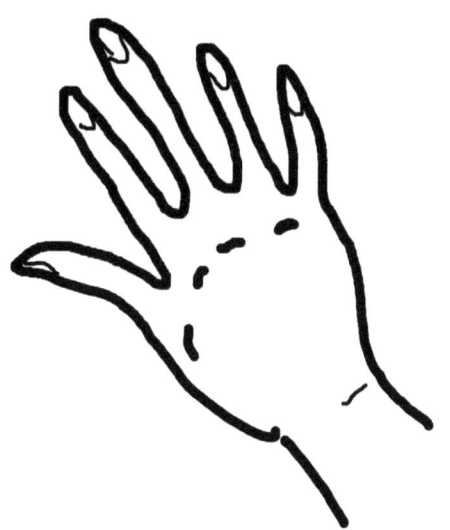

_____

_____

_____

Deutsch	der Arm
Rumänisch	brațul
Italienisch	il braccio
Französisch	le bras
Spanisch	el brazo
Englisch	the arm
Arabisch	al-thraa / الذراع

Deutsch	das Herz
Rumänisch	inima
Italienisch	il cuore
Französisch	le cœur
Spanisch	el corazón
Englisch	the heart
Arabisch	alqalb /القلب

Deutsch	der Bauch, der Magen
Rumänisch	burta, stomacul
Italienisch	la pancia
Französisch	le ventre
Spanisch	la barriga, el estómago
Englisch	the belly, the stomach
Arabisch	almedah / المعدة

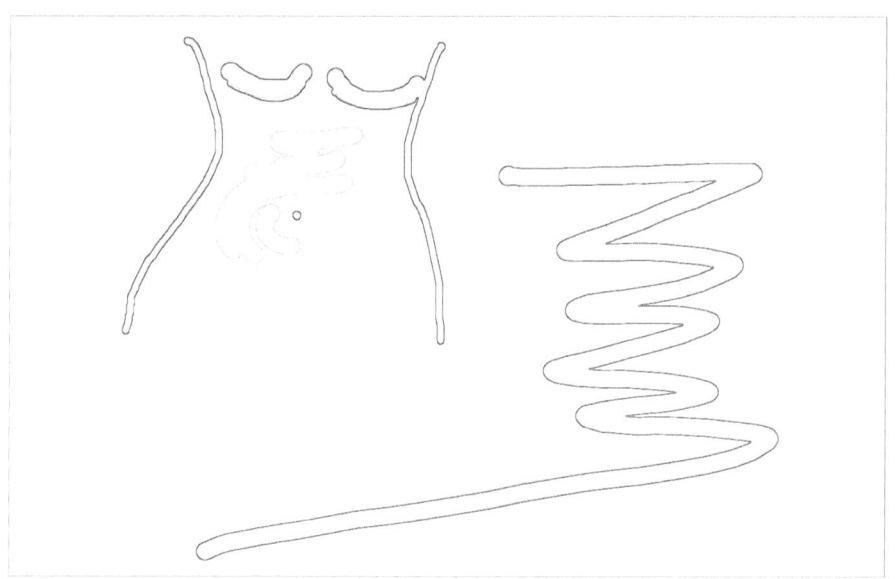

Deutsch   die Haut

Rumänisch   pielea

Italienisch   la pelle

Französisch   la peau

Spanisch   la piel

Englisch   the skin

Arabisch   al-bascharah / بَشَرَة

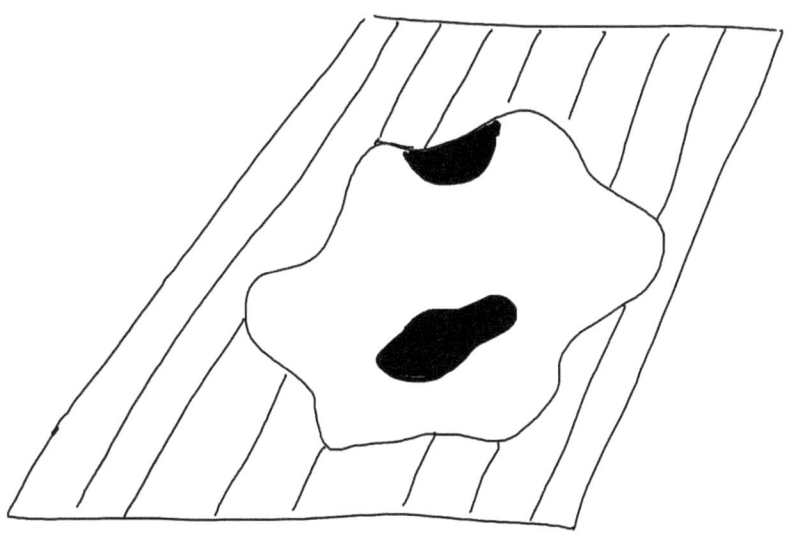

Deutsch	die Kleider: die Hose, der Rock, das Kleid, die Strümpfe, die Schuhe, die Stiefel
Rumänisch	înbrăcăminte: pantaloni, fustă, rochie, ciorapi, pantofi, cizme
Italienisch	i vestiti: i pantaloni, la gonna, l'abito, i calzini, le scarpe, i stivali
Französisch	les vêtements: le pantalon, la jupe, la robe, les bas, les chaussures, les bottes
Spanisch	la ropa: los pantalones, la falda, el vestido, los calcetines, los zapatos, las botas
Englisch	the clothes: the trousers, the skirt, the dress, the socks, the shoes, the boots

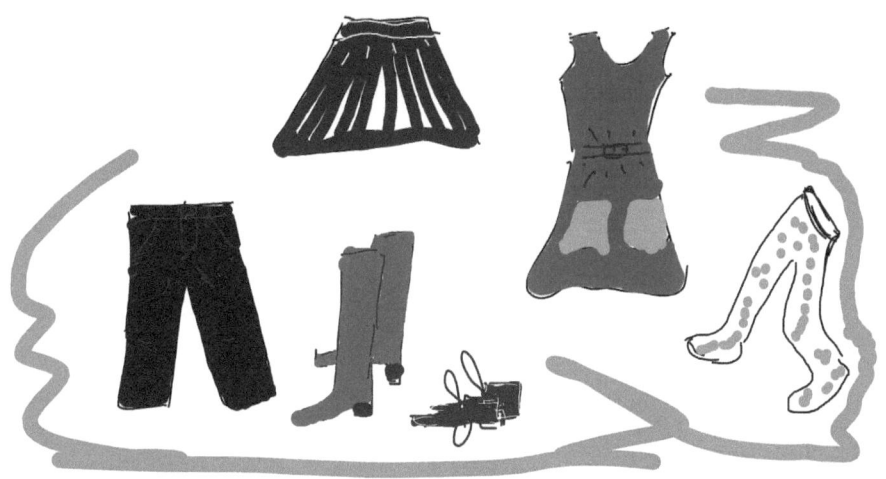

Arabisch   fustan , tanorah,

تنورة، فستان

sierual , malabies

الملابس : السراويل

gauareb , ahthyah , kaeb

جوارب ، وأحذية، والأحذية

___

___

___

Deutsch	die Familie
Rumänisch	familia
Italienisch	la famiglia
Französisch	la famille
Spanisch	la familia
Englisch	the family
Arabisch	al-usrah / الأُسْرَة

Deutsch   die Mutter

Rumänisch   mama

Italienisch   la madre, la mamma

Französisch   la mère

Spanisch   la madre

Englisch   the mother

Arabisch   al-um / الأم

Deutsch   der Vater

Rumänisch   tata

Italienisch   il padre

Französisch   le père

Spanisch   el padre

Englisch   the father

Arabisch   al-ābb / الآب

_____
_____
_____

Deutsch			das Baby

Rumänisch		bebeluşul

Italienisch		il bebé

Französisch		le bébé

Spanisch		el bebé

Englisch		the baby

Arabisch		al-tifl / طِفْل

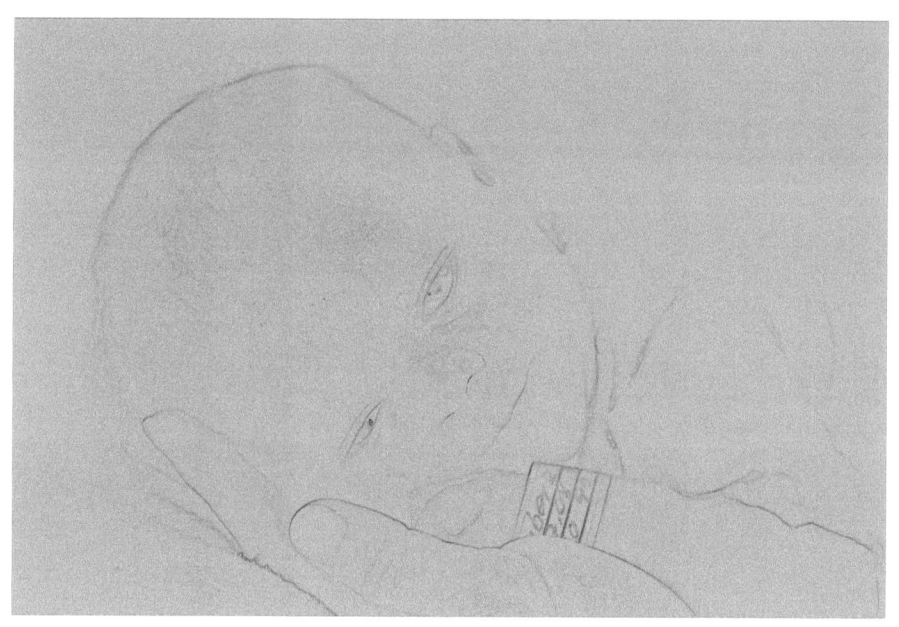

Deutsch	das Kind
Rumänisch	copilul
Italienisch	il bambino
Französisch	l'enfant
Spanisch	el niño
Englisch	the child
Arabisch	al-tifl / طِفْل

Deutsch   der Bruder

Rumänisch   fratele

Italienisch   il fratello

Französisch   le frère

Spanisch   el hermano

Englisch   the brother

Arabisch   ach / أخ

Deutsch	die Schwester
Rumänisch	sora
Italienisch	la sorella
Französisch	la sœur
Spanisch	la hermana
Englisch	the sister
Arabisch	ucht / أُخْت

_____
_____
_____

Deutsch	die Großmutter, Oma fam.
Rumänisch	bunica, buni fam.
Italienisch	la nonna
Französisch	la grand-mère, la mémé fam.
Spanisch	la abuela
Englisch	the grandmother, nana fam.
Arabisch	gadah /حَدَّة

Deutsch   der Großvater, der Opa fam.

Rumänisch   bunicul

Italienisch   il nonno

Französisch   le grand-père, le pépé fam.

Spanisch   el abuelo

Englisch   the grandfather, grani fam.

Arabisch   gad / جَدّ

Deutsch	die Tante
Rumänisch	tanti
Italienisch	la zia
Französisch	la tante
Spanisch	la tia
Englisch	the aunt
Arabisch	chalah/amah / خالَة/عَمَّة

Deutsch	der Onkel
Rumänisch	unchiul
Italienisch	lo zio
Französisch	l'oncle, tonton fam.
Spanisch	el tío
Englisch	the uncle
Arabisch	chal/am/ خَال عَمّ

Deutsch	der Freund, die Freundin
Rumänisch	prietenul, prietena
Italienisch	l'amico, l'amica
Französisch	l'ami, l'amie
Spanisch	el amigo, la amiga
Englisch	the friend
Arabisch	sediqe / صِدّيق sediqah / صِدّيقة

Deutsch	das Haus
Rumänisch	casa
Italienisch	la casa
Französisch	la maison
Spanisch	la casa
Englisch	the house
Arabisch	manzel / مَنْزِل

_____
_____
_____

Deutsch	das Dach

Rumänisch	acoperişul

Italienisch	il tetto

Französisch	le toit

Spanisch	el techo

Englisch	the roof

Arabisch	saqf / سَقْف

_____
_____
_____

Deutsch	der Eingang
Rumänisch	intrarea
Italienisch	l'ingresso
Französisch	l'entrée
Spanisch	la entrada
Englisch	the entrance
Arabisch	madchal / مَدْخَل

_____
_____
_____

Deutsch   die Tür

Rumänisch   ușa

Italienisch   la porta

Französisch   la porte

Spanisch   la puerta

Englisch   the door

Arabisch   al-bab / بَاب

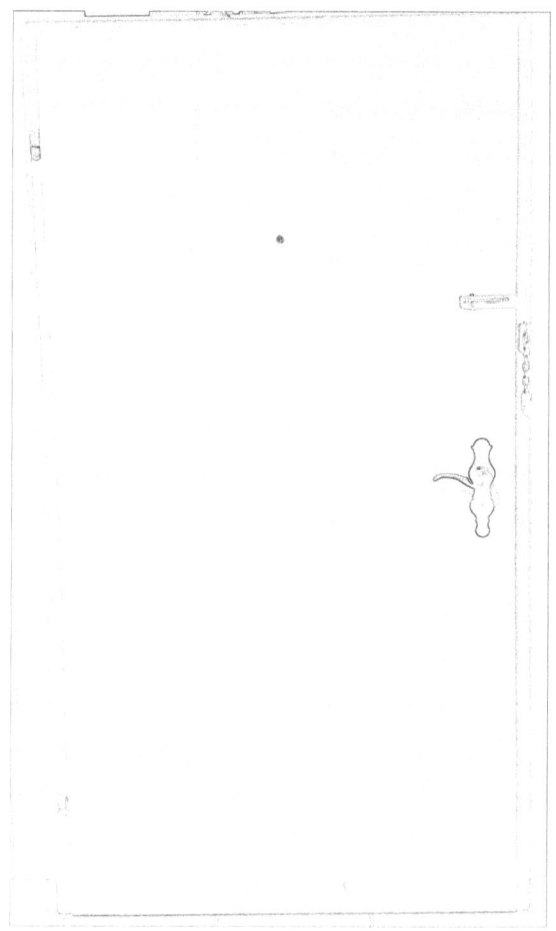

Deutsch   das Fenster

Rumänisch   fereastra

Italienisch   la finestra

Französisch   la fenêtre

Spanisch   la ventana

Englisch   the window

Arabisch   nafdah / نافِذَة

Deutsch   die Wand

Rumänisch   peretele

Italienisch   il muro

Französisch   le mur

Spanisch   la pared

Englisch   the wall

Arabisch   gedar / جِدَار

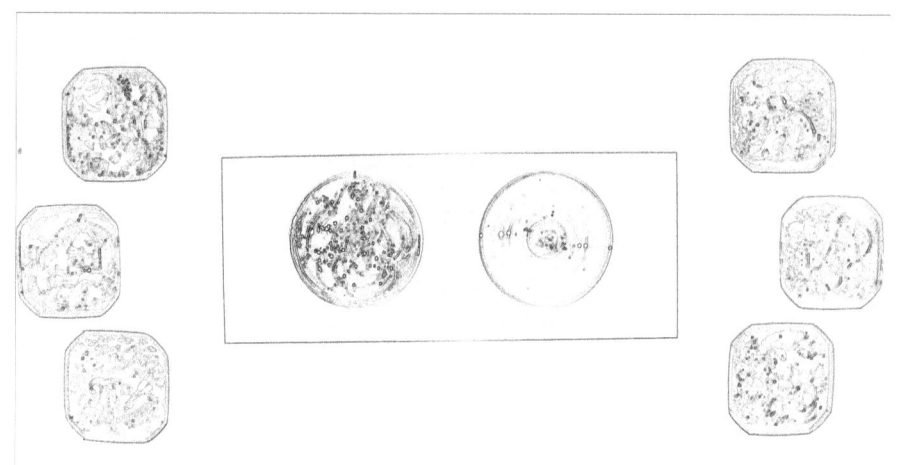

Deutsch	die Treppe
Rumänisch	scara
Italienisch	la scala
Französisch	l'escalier
Spanisch	la escalera
Englisch	the stairs
Arabisch	darag / دَرَج

Deutsch	das Wohnzimmer
Rumänisch	sufrageria, salonul
Italienisch	il salotto
Französisch	le salon
Spanisch	el cuarto de estar
Englisch	the living room
Arabisch	Salah / صَالَة

Deutsch	das Schlafzimmer
Rumänisch	dormitorul
Italienisch	la camera da letto
Französisch	la chambre à coucher
Spanisch	el dormitorio
Englisch	the bedroom
Arabisch	Khrfatalnaum / غرفة النوم

Deutsch	das Kinderzimmer
Rumänisch	cameră pentru copii
Italienisch	stanza die bambini vivaio
Französisch	la chambre d'enfant
Spanisch	cuarto de los niños
Englisch	the nursery
Arabisch	Khrfatalatfal / غرفة أطفال

Deutsch	das Badezimmer
Rumänisch	baia
Italienisch	il bagno
Französisch	la salle de bain
Spanisch	el cuarto de baño
Englisch	the bathroom
Arabisch	hamam / حَمَّام

_____
_____
_____

Deutsch	die Küche
Rumänisch	bucătăria
Italienisch	la cucina
Französisch	la cuisine
Spanisch	la cocina
Englisch	the kitchen
Arabisch	matbach / مَطْبَخ

_____
_____
_____

Deutsch	der Stuhl
Rumänisch	scaunul
Italienisch	la sedia
Französisch	la chaise
Spanisch	la silla
Englisch	the chair
Arabisch	kursy / كُرْسِيّ

Deutsch	der Tisch
Rumänisch	masa
Italienisch	il tavolo
Französisch	la table
Spanisch	la mesa
Englisch	the table
Arabisch	tauelah / طاوِلَة

Deutsch	die Tasse
Rumänisch	ceaşca
Italienisch	la tazza
Französisch	la tasse
Spanisch	la taza
Englisch	the cup
Arabisch	tasah / فِنْجان

Deutsch	das Glas
Rumänisch	paharul
Italienisch	il bicchiere
Französisch	le verre
Spanisch	el vaso
Englisch	the glass
Arabisch	kaas / كَأْس

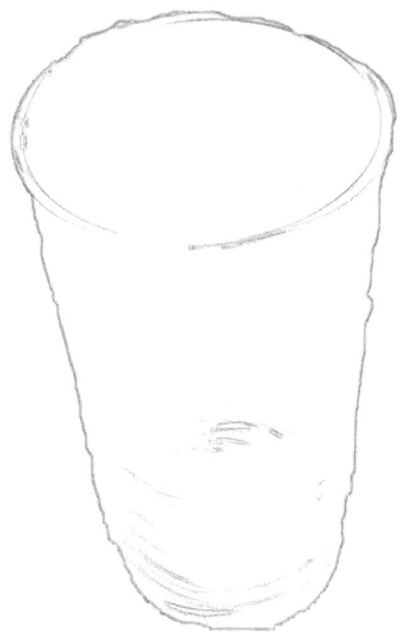

Deutsch	Zum Wohl!
Rumänisch	Noroc!
Italienisch	Salute!, cin cin!
Französisch	À la vôtre !
Spanisch	¡Salud!
Englisch	Cheers!
Arabisch	nemah / نِعْمَة

Deutsch   der Teller

Rumänisch   farfuria

Italienisch   il piatto

Französisch   l'assiette

Spanisch   el plato

Englisch   the plate

Arabisch   tabaq / طَبَق

Deutsch	das Brot, der Zucker, das Salz, der Pfeffer
Rumänisch	pîinea, zahărul, sarea, piperul
Italienisch	il pane, lo zucchero, il sale, il pepe
Französisch	le pain, le sucre, le sel, le poivre
Spanisch	el pan, el azúcar, la sal, la pimienta
Englisch	the bread, the sugar, the salt, the pepper
Arabisch	chubz خُبْز sukar سُكَّر melh مِلْح felfel فِلْفِل

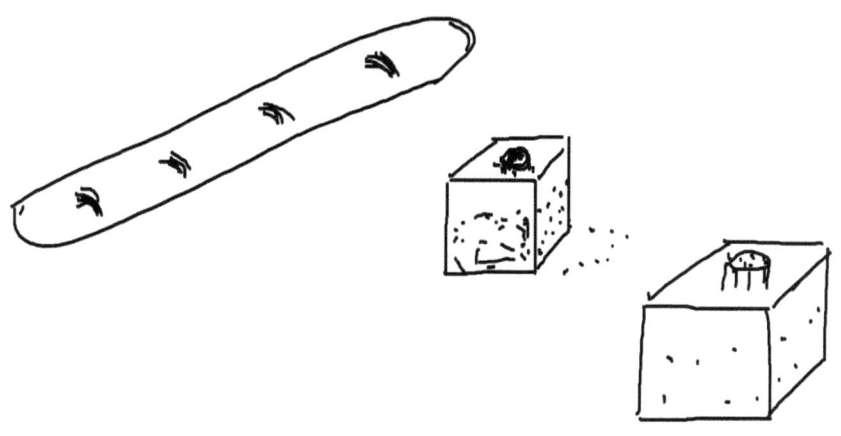

Deutsch	das Obst, der Apfel, die Kirsche, die Mandarine, die Erdbeere
Rumänisch	fructul, mărul, cireaşa mandarina, căpşuna
Italienisch	la frutta, la mela, la ciliegia il mandarino, la fragola
Französisch	les fruits, la pomme, la cerise, la mandarine, la fraise
Spanisch	la fruta, la manzana, la cereza, la mandarina, la fresa

Englisch	the fruit, the apple, the cherry, the tangerine, the strawberry
Arabisch	fawakah فَوَاكِه tufahah تُفَّاحَة karaz كَرَز yosofi اليوسفي faraulah الفراولة

Deutsch	das Messer, die Gabel, der Löffel
Rumänisch	cuțitul, furculița, lingura
Italienisch	il coltello, la forchetta, il cucchiaio
Französisch	le couteau, la fourchette, la cuillère
Spanisch	el cuchillo, el tenedor, la cuchara
Englisch	the knife, the fork, the spoon
Arabisch	sieken سكن shaukah شَوْكَة melagah مِلْعَقة

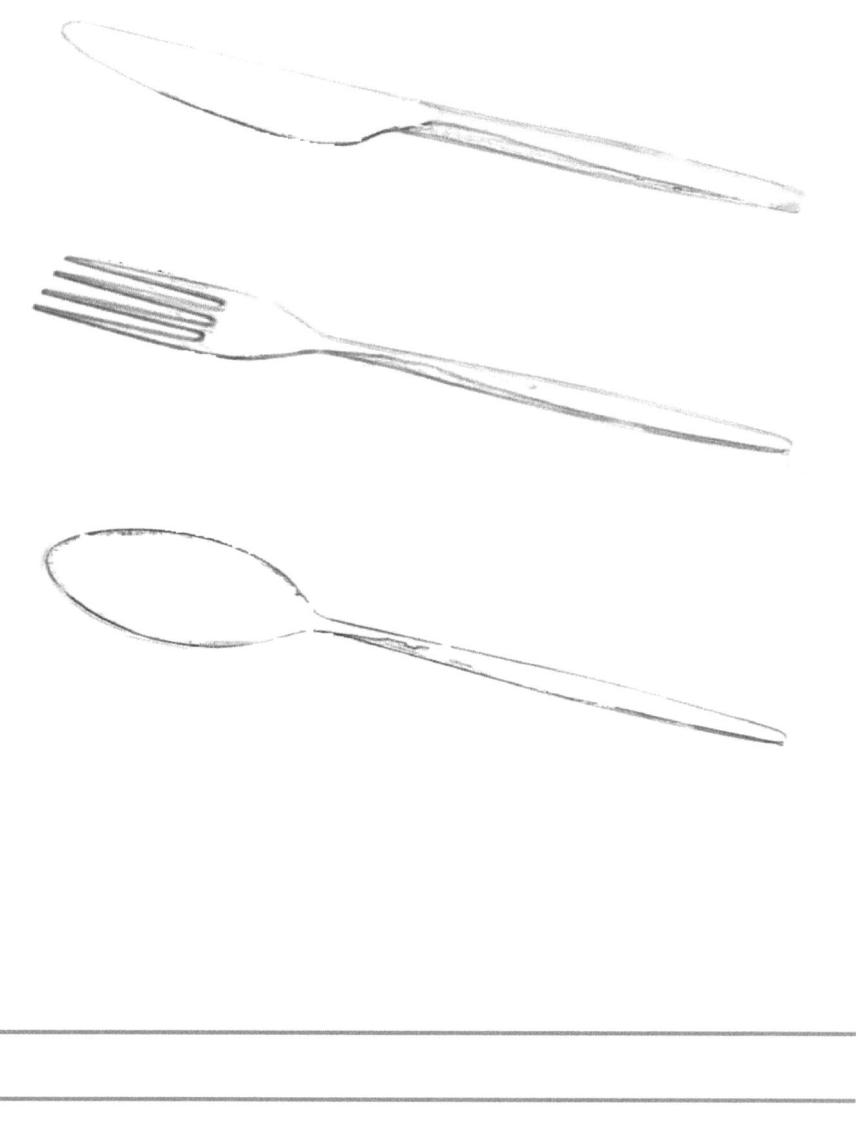

Deutsch	die Stadt
Rumänisch	oraşul
Italienisch	la città
Französisch	la ville
Spanisch	la ciudad
Englisch	the city
Arabisch	madinah / مدينة

_____

_____

_____

Deutsch	das Dorf
Rumänisch	satul
Italienisch	il paesino
Französisch	le village
Spanisch	el pueblo
Englisch	the village
Arabisch	qaryah /قرية

_____
_____
_____

Deutsch — der Laden

Rumänisch — magazinul

Italienisch — il negozio

Französisch — le magasin

Spanisch — la tienda

Englisch — the shop

Arabisch — mahal / التسوق

Deutsch	die Straße
Rumänisch	strada
Italienisch	la strada
Französisch	la rue
Spanisch	la calle
Englisch	the street
Arabisch	al-sharie / الشارع

Deutsch	der Bürgersteig
Rumänisch	trotuarul
Italienisch	il marciapiede
Französisch	le trottoir
Spanisch	la acera
Englisch	the pavement
Arabisch	rasief / الرصيف

Deutsch	das Kino
Rumänisch	cinematograful
Italienisch	il cinema
Französisch	le cinéma
Spanisch	el cine
Englisch	the cinema
Arabisch	sinama / السينما

Deutsch	das Theater
Rumänisch	teatrul
Italienisch	il teatro
Französisch	le théâtre
Spanisch	el teatro
Englisch	the theatre
Arabisch	masrah / مسرح

Deutsch	die Bibliothek
Rumänisch	biblioteca
Italienisch	la biblioteca
Französisch	la bibliothèque
Spanisch	la biblioteca
Englisch	the library
Arabisch	maktabah / المكتبة

Deutsch	die Schule
Rumänisch	şcoala
Italienisch	la scuola
Französisch	l'école
Spanisch	la escuela
Englisch	the school
Arabisch	madrasah / مدرسة

Deutsch	die Lehrerin, der Lehrer, der Schulleiter
Rumänisch	profesoara, profesorul, directorul
Italienisch	l'insegnante, il preside, il direttore di scuola
Französisch	la maîtresse, le maître, le directeur
Spanisch	la profesora, el profesor, el director
Englisch	the teacher, the teacher, the head teacher
Arabisch	mudaris ,mudarsah ,alnather المعلم ، المدرسة ، مدير المدرسة

Deutsch	die Frage, die Antwort, die Stunde, die Note, die Klasse
Rumänisch	întrebarea, răspunsul, ora, nota, clasa
Italienisch	la domanda, la risposta, la lezione, il voto, la classe
Französisch	la question, la réponse, la leçon, la note, la classe
Spanisch	la pregunta, la respuesta, la clase, la nota, el curso
Englisch	the question, the answer, the lesson, the grade, the class
Arabisch	alsowal السؤال , aljaab الجواب , aldars الدرس, alsaah ساعة , alsaf الصف

Deutsch	der Bleistift, der Füller, das Heft, das Schulbuch, der Radiergummi, die Tafel
Rumänisch	creionul, stiloul, caietul, manual pentru şcoală, gumă de radiat, tablă
Italienisch	la matita, la penna, il quaderno, il libro di scuola, la gomma, la lavagna
Französisch	le crayon, le stylo, le cahier, le livre, la gomme, le tableau
Spanisch	el lápiz, el bolígrafo, el cuaderno, el libro de texto, la goma de borrar, la pizarra

Englisch   the pencil, the pen, the notebook,
            the textbook, the rubber,
            the blackboard

Arabisch   qalam rasas قلم رصاص
            qalam القلم
            daftar دفتر الملاحظات
            ketab الكتاب المدرسي
            miemhah ممحاة
            lauhah اللوحة

Deutsch	die Universität
Rumänisch	universitatea
Italienisch	l'università
Französisch	l'université
Spanisch	la universidad
Englisch	the university
Arabisch	algamieah / الجامعة

Deutsch	der Flughafen
Rumänisch	aeroportul
Italienisch	l'aeroporto
Französisch	l'aéroport
Spanisch	el aeropuerto
Englisch	the airport
Arabisch	matar / مَطَار

Deutsch	der Urlaub
Rumänisch	vacanţa
Italienisch	la vacanza
Französisch	les vacances
Spanisch	las vacaciones
Englisch	the holiday
Arabisch	utlah / عُطْلَة

Deutsch	der Pass
Rumänisch	paşaportul
Italienisch	il passaporto
Französisch	le passeport
Spanisch	el pasaporte
Englisch	the passport
Arabisch	gauaz safar / جَوَازُ سَفَر

Deutsch	der Garten
Rumänisch	grădina
Italienisch	il giardino
Französisch	le jardin
Spanisch	el jardín
Englisch	the garden
Arabisch	bustan / بُسْتان

Deutsch	der Kindergarten
Rumänisch	grădiniţa
Italienisch	l'asilo, scuola materna, il kindergarten
Französisch	le jardin d'enfants, l'école maternelle
Spanisch	el jardín de infancia Kindergarten
Englisch	the nursery school, the kindergarten
Arabisch	raudatu alatfal رَوْضَةُ الأَطْفال

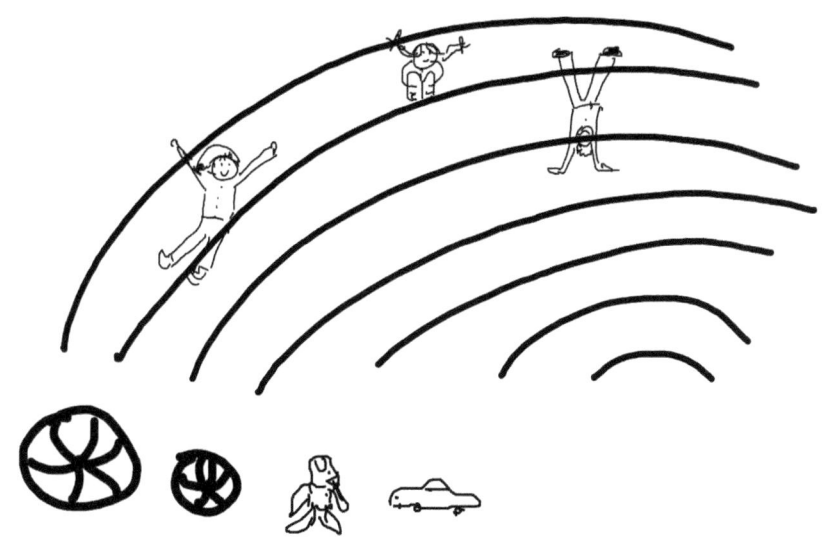

Deutsch	die Sache
Rumänisch	lucrul, obiectul
Italienisch	la cosa, l'oggetto
Französisch	la chose, l'objet
Spanisch	la cosa
Englisch	the matter, the thing
Arabisch	schay / شَيْء

Deutsch	der Ball
Rumänisch	mingia
Italienisch	il pallone
Französisch	le ballon
Spanisch	la pelota
Englisch	the ball
Arabisch	al-korah / الكرة

Deutsch   die Puppe

Rumänisch   păpuşa

Italienisch   la bambola

Französisch   la poupée

Spanisch   la muñeca

Englisch   the doll

Arabisch   dumyah / دُمْيَة

Deutsch	das Fahrrad
Rumänisch	bicicleta
Italienisch	la bicicletta
Französisch	la bicyclette
Spanisch	la bicicleta
Englisch	the bicycle
Arabisch	daragah / الدرّاجة الهوائية

_____
_____
_____

Deutsch	das Auto
Rumänisch	maşina, automobilul
Italienisch	l'auto, la macchina
Französisch	la voiture
Spanisch	el coche
Englisch	the car
Arabisch	sayaraah / سَيَّارَة

_____
_____
_____

Deutsch	das Flugzeug
Rumänisch	avionul
Italienisch	l'aereo
Französisch	l'avion
Spanisch	el avión
Englisch	the plane
Arabisch	taerah / طائِرَة

Deutsch	der Zug
Rumänisch	trenul
Italienisch	il treno
Französisch	le train
Spanisch	el tren
Englisch	the train
Arabisch	getar/ قِطَار

Deutsch	das Schiff, das Boot
Rumänisch	vaporul, barca
Italienisch	la nave, la barca
Französisch	le navire, le bâteau
Spanisch	el barco, la barca
Englisch	the ship, the boat
Arabisch	qareb / قارِب

Deutsch	die Tiere
Rumänisch	animale
Italienisch	gli animali
Französisch	les animaux
Spanisch	los animales
Englisch	the animals
Arabisch	hayaunat/ حَيَوان

Deutsch	der Hund, die Katze, die Maus
Rumänisch	câinele, pisica, şoarecele
Italienisch	il cane, il gatto, il topo
Französisch	le chien, le chat, la souris
Spanisch	el perro, el gato, el ratón
Englisch	the dog, the cat, the mouse
Arabisch	kalb/كَلْب geta/قِطَّة faar/فَأر

Deutsch	die Kuh, das Kalb, das Pferd, das Fohlen, das Schaf, das Lamm
Rumänisch	vaca, vițelul, calul, mânzul, oaia, mielul
Italienisch	la mucca, il vitello, il cavallo, il puledro, la pecora, l'agnello
Französisch	la vache, le veau, le cheval, le poulain, le mouton, l'agneau
Spanisch	la vaca, el ternero, el caballo, el potro, la oveja, el cordero
Englisch	the cow, the calf, the horse, the foal, the sheep, the lamb
Arabisch	baqarah بَقَرَة agal عِجْل hesan حِصَان faras فَرَس charuf خَرُوف schah شَاة

Deutsch	wildes Tier
Rumänisch	animalul sălbatic
Italienisch	animale selvaggio
Französisch	animal féroce
Spanisch	animal feroz
Englisch	wild animal
Arabisch	hayaunat/ حَيَوَان

Deutsch	der Löwe, der Bär, der Fuchs
Rumänisch	leul, ursul, vulpea
Italienisch	il leone, l'orso, la volpe
Französisch	le lion, l'ours, le renard
Spanisch	el león, el oso, el zorro
Englisch	the lion, the bear, the fox
Arabisch	schah شَاة asaad أَسَد dub دُبّ talab ثَعْلَب

Deutsch	die Farbe: rot, blau, weiß, schwarz, grün, gelb
Rumänisch	culoarea: roşu, albastru, alb, negru, verde, galben
Italienisch	il colore: rosso, blu, bianco, nero, verde, giallo
Französisch	la couleur: rouge, bleu, blanc, noir, vert, jaune
Spanisch	el color: rojo, azul, blanco, negro, verde, amarillo
Englisch	the colour: red, blue, white, black, green, yellow
Arabisch	al-alaun لَوّنَ Ahmar احمر Azraq ازرق Abyadh ابيض al-aswad اسود Akhdhar اخضر

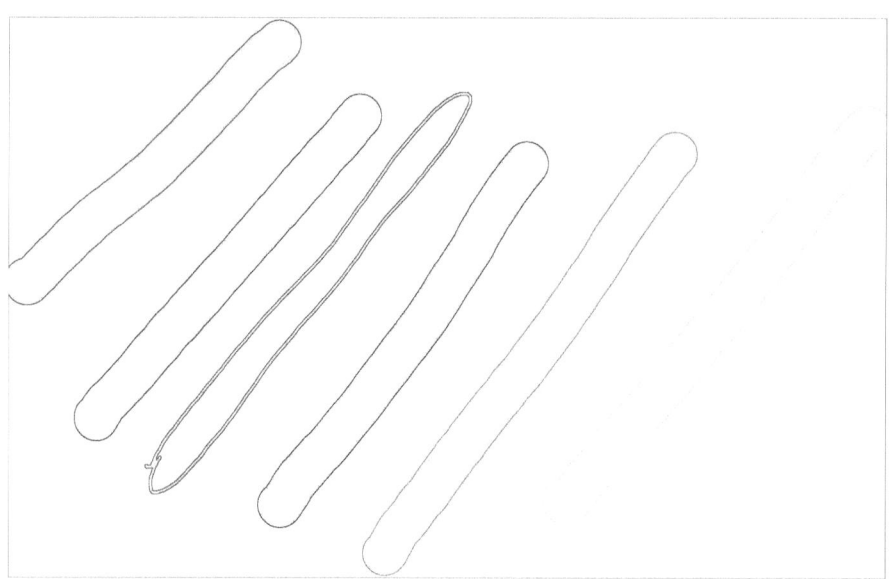

_____

_____

_____

Deutsch	die Pflanzen: die Blume, der Baum, das Gras
Rumänisch	plantele: floarea, pomul, iarba
Italienisch	le piante: il fiore, l'albero, l'erba
Französisch	les plantes: la fleur, l'arbre, l'herbe
Spanisch	las plantas: la flor, el árbol, la hierba
Englisch	the plants: the flower, the tree, the grass
Arabisch	zara'a زَرَع uardah وَرْدَة schagarah شَجَرَة uschab عُشْب

Deutsch	das Telefon, das Handy
	Können Sie mir die Nummer von… geben ?
Rumänisch	telefon, mobil
	Puteți să-mi dați numărul de telefon al…?
Italienisch	il telefono, il telefonino, il cellulare
	Puó darmi il numero …?
Französisch	le téléphone, le portable
	Pouvez-vous me donner le numéro de…?
Spanisch	el teléfono, el móvil
	¿Me podría dar el número de…?
Englisch	the telephone, the mobile
	Can you give me the number of…?

Arabisch   talafon , sayaar ,

الهاتف ، الهاتف النقال

yumkien an tietanie
raqam altalfon ?

يمكنك أن تعطيني رقم النقال ..

Deutsch	die Hilfssätze
Rumänisch	propoziții ajutătoare, auxiliare
Italienisch	le frasi d'aiuto
Französisch	les phrases auxiliaires
Spanisch	las frases auxiliadoras
Englisch	the help sentences
Arabisch	gumlah / حُمْلَة

Deutsch   die Begrüßung:
Guten Morgen, Guten Tag,
Guten Abend, Gute Nacht,
Auf Wiedersehen,
Hallo, Tschüss

Rumänisch   salutarea:
bună dimineaţa, bună ziua,
bună seara, noapte bună,
la revedere, pa fam.

Italienisch il saluto:
Buongiorno, Buongiorno,
Buonasera, Buonanotte,
Arrivederci, Ciao, Ciao

Französisch la salutation:
Bonjour, Bonjour, Bonsoir,
Bonne nuit, Au revoir, Salut, Salut

Spanisch	el saludo: Buenos días, Buenas tardes, Buenas noches, Adiós, Hola
Englisch	the salutation: good morning, good afternoon, good evening, goodbye, hello, hi, bye
Arabisch	sabaH ul-khayri صباح الخير masa ul-khayri مساء الخير tusbhunalakyer تُصْبِحُونَ عَلى خَيْر salaam سلام

Deutsch	Wie heißt du/er/sie? Ich heiße
Rumänisch	Cum te/îl/o cheamă? Pe mine mă cheamă
Italienisch	Come ti chiami, come si chiama lui/lei? Mi chiamo
Französisch	Il/Elle s'appelle comment ? Je m'appelle
Spanisch	¿Cómo te llamas? ¿Cómo se llama? Me llamo
Englisch	What is your/his/her name? My name is
Arabisch	ma esmuk اِسْمُهُ ما ؟ ma esmuk اِسْمُكَ ما؟ Esmi اسمي

Deutsch   ja, nein

Rumänisch   da, nu

Italienisch   sì, no

Französisch   oui, non

Spanisch   sí, no

Englisch   yes, no

Arabisch   na`am نعم   Laa لا

Deutsch	bitte, danke
Rumänisch	te rog, mulțumesc/mersi
Italienisch	per favore, grazie
Französisch	s'il vous plaît, merci
Spanisch	por favor, gracias
Englisch	please, thank you
Arabisch	afwan عفا shukran شكرا

_____

_____

_____

_____

_____

_____

_____

Deutsch   Ich bin, du bist, er/sie/es ist,
               wir sind, ihr seid, sie sind

Rumänisch   eu sânt, tu eşti, el/ea/asta este,
               noi sântem, voi sânteti, ei sânt

Italienisch   io sono, tu sei, lui/lei é,
               noi siamo, voi siete, loro sono

Französisch   je suis, tu es, il/elle est, nous
               sommes, vous êtes, ils/elles sont

Spanisch   yo soy, tu eres, el/ella es,
               nosotros somos,
               vosotros sois, ellos/ellas son

Englisch   I am, you are, he/she/it is,
               we are, you are, they are

Arabisch   ana انا, ant انت,
               nahno نحن, hm هم, antom أنتم

Deutsch	die Gefühle
Rumänisch	emoții
Italienisch	l'emozioni
Französisch	les émotions
Spanisch	las emociones
Englisch	the emotions
Arabisch	mashair/ مشاعر

Deutsch	glücklich, stolz
Rumänisch	fericit, mândru
Italienisch	felice, fiero
Französisch	heureux, fier
Spanisch	contento, orgulloso
Englisch	happy, proud
Arabisch	saad سعيدة / fakhor فخورة

Deutsch	traurig, aufgeregt, erschrocken
Rumänisch	trist, agitat, speriat
Italienisch	triste, eccitato, spaventato
Französisch	triste, excité, effrayé
Spanisch	triste, alboratado, asustado
Englisch	sad, excited, scared
Arabisch	hazin حزين motahmes متحمس kayif خائف

Deutsch	angenehm, bis später
Rumänisch	mă bucur (să te cunosc), pe mai târziu
Italienisch	piacere, a più tardi
Französisch	enchanté, à tout à l'heure
Spanisch	encantado de conocerle, hasta luego
Englisch	pleased to meet you, see you later
Arabisch	latif / لطيف ashofak baden / اشوف بعدين

Deutsch	Gern geschehen
Rumänisch	cu plăcere
Italienisch	prego
Französisch	de rien
Spanisch	de nada
Englisch	you're welcome
Arabisch	Marhaba / مرحبا

Deutsch	Entschuldigung, es tut mir leid
Rumänisch	iartă-mă/pardon, îmi pare rău
Italienisch	scusa, mi dispiace
Französisch	pardon, je suis désolé
Spanisch	perdone, lo siento
Englisch	excuse me, I'm sorry
Arabisch	Ana Aasif / انا اسف

Deutsch	Können Sie mir helfen?
Rumänisch	Mă puteți ajuta?
Italienisch	Mi puó aiutare?
Französisch	Pouvez-vous m'aider ?
Spanisch	¿Me puede ayudar?
Englisch	Can you help me?
Arabisch	hal momkin mosadati? هل يمكنك مساعدتي؟

Deutsch	ich verstehe nicht, ich weiß nicht
Rumänisch	eu nu înţeleg, eu nu ştiu
Italienisch	non capisco, non lo so
Französisch	je ne comprends pas, je ne sais pas
Spanisch	no entiendo, no lo sé
Englisch	I don't understand, I don't know
Arabisch	la afham / لا أَفْهَمْ la adrie / لا أَدْرِي

Deutsch	ich habe mich verlaufen
Rumänisch	m-am rătăcit
Italienisch	mi sono perso
Französisch	je me suis perdu
Spanisch	me he perdido
Englisch	I am lost
Arabisch	ana thayat tariqie/أَضَعْتُ طَرِيْقِي

Deutsch	das ist richtig, das ist falsch
Rumänisch	asta este bine, asta este falsă, asta este greşită (asta nu este bine)
Italienisch	è giusto, è sbagliato
Französisch	c'est juste, c'est faux
Spanisch	está bien, está mal
Englisch	that's correct, that's wrong
Arabisch	sahieh/ صَحِيح khata/ خَطَأ

Deutsch	der Arzt, die Krankenschwester, die Apothekerin
Rumänisch	doctorul/medicul, sora/infirmiera, farmacista
Italienisch	il medico, l'infermiera, la farmacista
Französisch	le docteur, l'infirmière, la pharmacienne
Spanisch	el médico, la enfermera, la farmacéutica
Englisch	the doctor, the nurse, the pharmacist
Arabisch	Duktus دُكْتُور mumaredah مُمَرِّضَة Alsiydalanyh الصيدلانية

Deutsch	Ich muss einen Arzt sprechen! Es tut hier weh.
Rumänisch	Eu trebuie să vorbesc cu un doctor! Mă doare aici.
Italienisch	Ho bisogno di consultare un medico! Devo parlare con un medico, dottore! Ho un dolore qui. Mi fa male qui.
Französisch	J'ai besoin de voir un médecin ! J'ai mal ici.
Spanisch	¡Necesito ver a un médico! Me duele aquí.
Englisch	I need to see a doctor! It hurts here.

Arabisch ana behagah ela tabieb
أنا بِحَاجَة إلى طَبِيب
anaho yolimuni hona
انها تؤلمني هنا.

Deutsch	die Erkältung, der Husten, das Fieber, die Magenschmerzen
Rumänisch	răceala, tusea, febra, dureri de stomac
Italienisch	il raffreddore, la tosse, la febbre, il mal di stomaco
Französisch	le rhume, la toux, la fièvre, le mal d'estomac
Spanisch	el resfriado, la tos, la fiebre, le mal de ventre
Englisch	the cold, the cough, the fever, the stomach ache
Arabisch	saydalyah صَيْدَليَّة zukam زُكَام suaal سُعَال huma حُمَّى

Deutsch	Alles Gute zum Geburtstag!
Rumänisch	La mulți ani!
Italienisch	Buon Compleanno!
Französisch	Joyeux Anniversaire !
Spanisch	¡Feliz Cumpleaños!
Englisch	Happy Birthday!
Arabisch	eyied mielad saied

عيد ميلاد سعيد

Deutsch	Frohe Weihnachten und ein frohes neues Jahr!
Frohe Ostern!

Rumänisch	Crăciun fericit şi un an nou fericit!
Paşte fericit!

Italienisch	Auguri di buon natale e felice anno nuovo!
Buona pasqua!

Französisch	Joyeux Noël et Bonne Année !
Joyeuses Pâques !

Spanisch   ¡Feliz navidad y próspero año nuevo!
¡Feliz pascua!

Englisch   Merry Christmas and a happy New Year!
Happy Easter!

Arabisch   iead melad saied
عيد ميلاد سعيد
sanah saiedah
سنة جديدة سعيدة

Deutsch	ich stehe, ich sitze, ich gehe, ich laufe, ich liege
Rumänisch	eu stau, eu stau jos, eu merg, eu fug, eu stau lungit
Italienisch	io sto in piedi, sono seduto, io camino, io corro, io sono draiato
Französisch	Je suis debout, je suis assis, je vais, je cours, je suis allongé
Spanisch	estoy de pie, estoy sentado, voy, corro, estoy yacido

Englisch	I'm standing, I'm sitting,
	I'm going, I'm running,
	I'm lying down

Arabisch	ana uaqafa أَنَا وَقَفَ
	ana galasa أَنَا جَلَسَ
	ana mascha أَنَا مَشَى
	ana estalga اِسْتَلْقَى

Deutsch	ich wasche meine Hände,
	ich wasche mein Gesicht,
	ich dusche, ich bade
Rumänisch	eu îmi spăl mâinile,
	eu îmi spăl fața,
	eu îmi fac duş, eu îmi fac baie
Italienisch	mi lavo le mani,
	mi lavo la faccia,
	mi faccio una doccia/un bagno
Französisch	je lave mes mains,
	je lave mon visage,
	je prends une douche, je me baigne
Spanisch	me lavo las manos,
	me lavo la cara,
	me doy una ducha, me baño

Englisch	I wash my hands,
	I wash my face,
	I take a shower, I take a bath
Arabisch	ana ugasel yade أنا أغسل يدي
	ana ugasl uaghe أنا أغسل وجهي
	an estahama أنا اِسْتَحَمّ

Deutsch	ich spiele Gitarre und Klavier, ich spiele mit dir, ich spiele Tennis und Fußball
Rumänisch	eu cânt la chitară şi la pian, eu mă joc cu tine, eu joc tenis şi fotbal
Italienisch	suono la chitarra e il pianoforte, gioco con te, gioco a tennis e calcio
Französisch	je joue à la guitare et au piano, je joue avec toi, je joue au tennis et au football
Spanisch	toco la guitarra y el piano, juego contigo, juego al tenis y al fútbol

Englisch	I play guitar and piano, I play with you, I play tennis and soccer
Arabisch	ana azif أنا العزف على الغيتار ana alab maak ألعب معك ana alab tenis ألعب التنس ana alab korah وكرة القدم

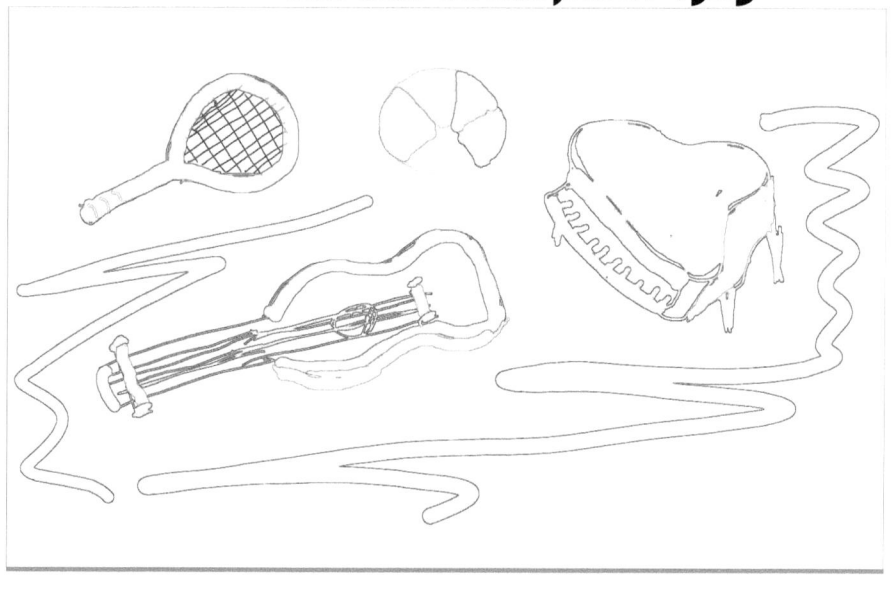

Deutsch   Ich gehe in den Kindergarten
                 Ich gehe in die Schule
                 Ich gehe nach Hause
                 Ich gehe in das Kino

Rumänisch   eu merg la grădiniţă
                 eu merg la şcoală
                 eu merg acasă
                 eu merg la cinematograf, chino fam.

Italienisch   vado all' asilo
                 vado a scuola
                 vado a casa
                 vado al cinema

Französisch   je vais au jardin d'enfants
                 je vais à l'école
                 je vais à la maison
                 je vais au cinéma

Spanisch
voy a la guarderia
voy a la escuela
voy a casa
voy al cine

Englisch
I go to nursery school
I go to school
I go home
I go to the cinema

Arabisch
ana dahaba rauth atfal/
أذهب إلى الروضة
ana dahaba almadrasah
ذهب إلى المدرسة
ana dahaba albyiet
أذهب إلى الوطن
ana dahaba alsinama
أذهب إلى السينما

Deutsch ich bin glücklich, ich bin traurig
ich bin gesund, ich bin krank
ich bin hier, ich bin dort
ich bin ein Kind,
ich bin ein Erwachsener
ich bin ein Mensch

Rumänisch eu sânt fericit, eu sânt trist
eu sânt sănătos, eu sânt bolnav
eu sânt aici, eu sânt acolo
eu sânt un copil, eu sânt un matur
eu sânt un om

Italienisch sono felice, sono triste
sto bene, sono malato/a
sono qui, sono lì
sono un bambino, sono un adulto
sono un essere umano

Französisch je suis heureux
je suis triste
je me sens bien
je me sens mal
je suis là, je suis là-bas
je suis un enfant, je suis un adulte
je suis un être humain

Spanisch

estoy contento, estoy triste
estoy bien, estoy mal
estoy aquí, estoy ahí
soy un niño, soy un adulto
soy un ser humano

Englisch

I am happy, I am sad
I am healthy, I am sick
I am here, I am there
I am a child, I am an adult
I am a human being

Arabisch

ana saaied أنا سعيد
ana hazien أنا حزين
ana saliem أنا سليم
ana marieth أنا حزين
ana huna أنا هنا
ana hunak أنا هناك
ana tefel أنا طفل
ana baleq أنا أخلاقي
ana ensan أنا رجل

Deutsch	Ich muss essen
	Ich muss schlafen
	Ich muss lernen
	Ich muss auf die Toilette gehen
Rumänisch	eu trebuie să mănânc
	eu trebuie să dorm
	eu trebuie să învăț
	eu trebuie să mă duc la toaletă, WC
Italienisch	devo mangiare
	devo dormire
	devo studiare
	devo andare in bagno
Französisch	je dois manger
	je dois dormir
	je dois apprendre
	je dois aller aux toilettes, WC

Spanisch   tengo que comer
tengo que dormir
tengo que aprender
debo ir al aseo

Englisch   I have to eat
I have to sleep
I have to learn
I have to go to the toilet

Arabisch   ana uried akule
ولا بد لي من تناول الطعام
ana uried an anam
أنا بحاجة للنوم
ana uried adress
بحاجة لمعرفة
ana uried alhamam
الذهاب إلى المرحاض

Deutsch	die Orientierung: oben, unten, rechts, links, vorne, hinten
Rumänisch	orientarea: sus, jos, la dreapta, la stânga, înainte, înapoi
Italienisch	di orientamento: sopra, sotto, a destra, a sinistra, davanti, dietro
Französisch	l'orientation: haut, bas, droit, gauche, avant, derrière
Spanisch	la orientación: arriba, abajo, derecha, izquierda, delante, detrás
Englisch	the orientation: high, low, right, left, in front, behind
Arabisch	allaha/ أعلى aswal/ أسفل yasar / اليسار yamin / الأيمن amam/ امام kalf/ خلفي

Deutsch	der Himmel, die Sonne, die Sterne, der Mond, der Schnee, der Regen, der Wind
Rumänisch	cerul, soarele, stelele, luna, zăpada, ploaia, vântul
Italienisch	il cielo, il sole, le stelle, la luna la neve, la pioggia, il vento
Französisch	le ciel, le soleil, les étoiles, la lune, la neige, la pluie, le vent
Spanisch	el cielo, el sol, las estrellas, la luna, la nieve, la lluvia, el viento

Englisch   the sky, the sun, the moon, the stars, the snow, the rain, the wind

Arabisch   sama   السماء
           shams   الشمس
           qamar   القمر
           najm   النجوم
           thalij الثلوج
           matar   الأمطار
           raih   الرياح

Deutsch	die Uhr, die Stunde, die Minute, die Sekunde, wie spät ist es?
Rumänisch	ceasul, ora, minutul, secunda, cât e (este) ora (ceasul)?
Italienisch	l'orologio, l'ora, il minuto, il secondo, Che ore sono? Che ora è?
Französisch	l'horloge, l'heure, la minute, la seconde, Quelle heure est-il ?
Spanisch	el reloj, la hora, el minuto, el segundo, ¿Qué hora es?
Englisch	the clock, the hour, the minute, the second, What time is it?
Arabisch	saah /سَاعَة daqiegah/ دَقِيقَة tanyah/ ثَانِية Kam alsaah ? كَمْ السَّاعَة؟

Deutsch   der Kalender, das Datum,
             der Tag, die Woche,
             der Monat, das Jahr

Rumänisch   calendarul, data, ziua,
             săptămîna, luna, anul

Italienisch il calendario, la data, il giorno,
             la settimana, il mese, l`anno

Französisch le calendrier, la date, le jour,
             la semaine, le mois, l'année

Spanisch   el calendario, la fecha, el día,
             la semana, el mes, el año

Englisch   the calendar, the date, the day,
             the week, the month, the year

Arabisch

تَقْوِيم taquiem
التاريخ al-tirech
يوم yom
الاسبوع al-usbuu
شهر shahr
سنة sanah

Deutsch	Montag, Dienstag, Mittwoch, Donnerstag, Freitag, Samstag, Sonntag
Rumänisch	luni, marţi, miercuri, joi, vineri, sâmbătă, duminică
Italienisch	lunedì, martedì, mercoledì, giovedì, venerdì, sabato, domenica
Französisch	lundi, mardi, mercredi, jeudi, vendredi, samedi, dimanche
Spanisch	lunes, martes, miércoles, jueves, viernes, sábado, domingo
Englisch	Monday, Tuesday, Wednesday, Thursday, Friday, Saturday, Sunday

Arabisch

Yaumul Ahad يَوْمُ الأَحَدْ
Yaumul Ithnain يَوْمُ الإِثْنَيْن
Yaumuth Thulatha يَوْمُ الثُّلَاثَاء
Yaumul Arbiaa يَوْمُ الأَرْبِعَاء
Yaumul Khamees يَوْمُ الْخَمِيْسْ
Yaumul Jumuah يَوْمُ الْجُمْعَة
Yaumus Sabt يَوْمُ السَّبْتْ

Deutsch   Januar, Februar, März, April, Mai, Juni, Juli, August, September, Oktober, November, Dezember

Rumänisch   ianuarie, februarie, martie, aprilie, mai, iunie, iulie, august, septembrie, octombrie, noiembrie, decembrie

Italienisch   gennaio, febbraio, marzo, aprile, maggio, giugno, luglio, agosto, settembre, ottobre, novembre, dicembre

Französisch   janvier, février, mars, avril, mai, juin, juillet, août, septembre, octobre, novembre, décembre

Spanisch	enero, febrero, marzo, abril, mayo, junio, julio, agosto, septiembre, octubre, noviembre, diciembre
Englisch	January, February, March, April, May, June, July, August, September, October, November, December
Arabisch	Janayir, ebryir, Mars, April, Mayo, Junyo, Julyyo, Augustos, September, Octbar, Novembar, Decembar

يناير، فبراير،مارس، أبريل، مايو،يونيو، يوليو أغسطس ,سبتمبر ، أكتوبر, نوفمبر, ديسمبر

Deutsch — die Jahreszeiten: Frühling, Sommer, Herbst, Winter

Rumänisch — anotimpuri: primăvară, vară, toamnă, iarnă

Italienisch — le stagioni: la primavera, l'estate, l'autunno, l'inverno

Französisch — les saisons: le printemps, l'été, l'automne, l'hiver

Spanisch — las estaciones: la primavera, el verano, el otoño, el invierno

Englisch   the seasons: the spring,
           the summer, the autumn,
           the winter

Arabisch   rabiea الربيع   sief الصيف
           karief الخريف shieta شتاء

Deutsch   der Frieden

Rumänisch   pace

Italienisch   la pace

Französisch   la paix

Spanisch   la paz

Englisch   the peace

Arabisch   salam / سَلام

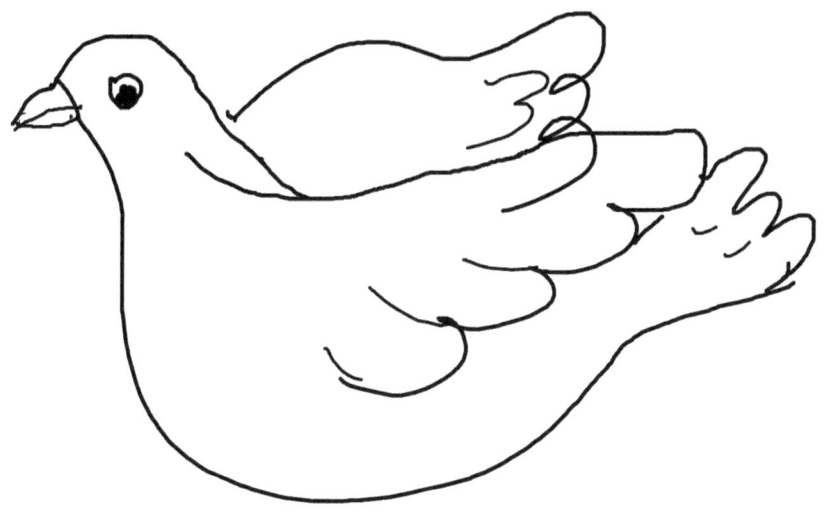

Deutsch	die Weltkarte
Rumänisch	hartă universală
Italienisch	il mappamondo
Französisch	la carte du monde
Spanisch	el mapamundi
Englisch	the world map
Arabisch	charieth alalam
	خريطة العالم

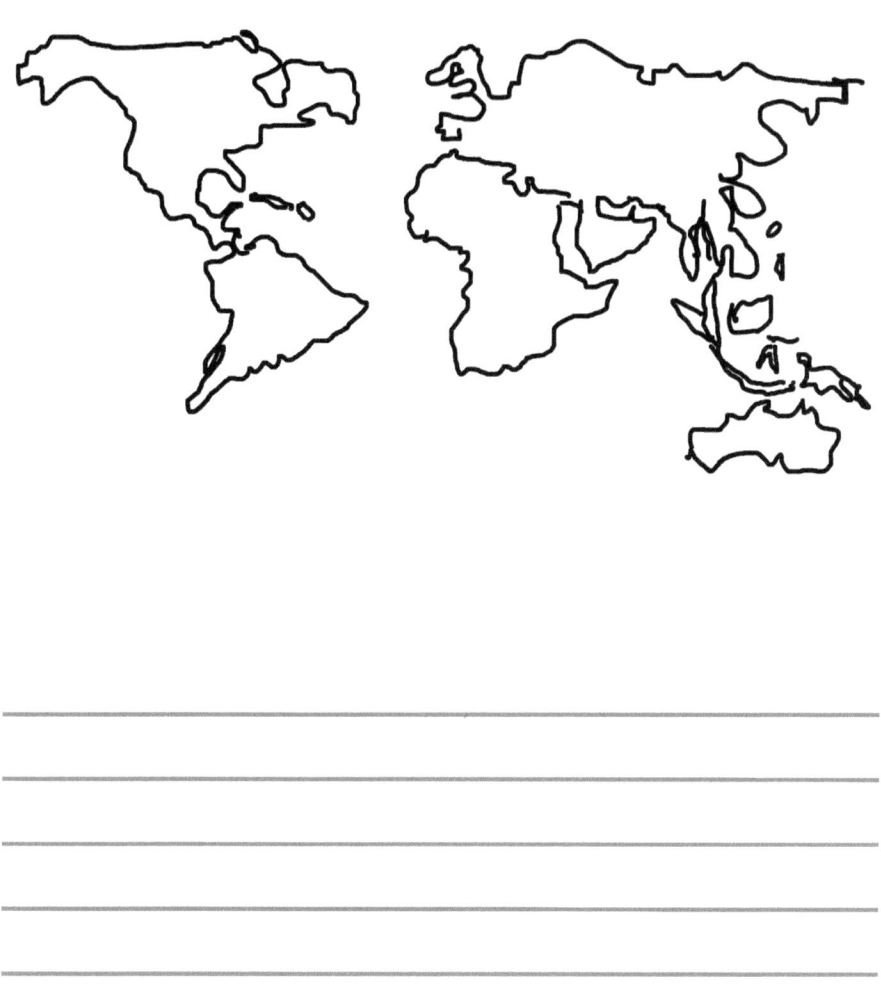

ENDE

SFÂRŞIT

FINE

FIN

EL FINAL

THE END

ALNHAYAH
النهاية